DU RÉGIME

MUNICIPAL

ET

DES INNOVATIONS PROJETÉES

A CHATEAU-DU-LOIR (Sarthe)

PAR

HENRI GENDRON,

Substitut du Procureur général à Angers, Membre
du Conseil général de la Sarthe.

SAUMUR

IMPRIMERIE DE ROLAND FILS, PLACE DE LA BILANGE.

—

1863

DU RÉGIME MUNICIPAL

ET

DES INNOVATIONS PROJETÉES

A CHATEAU-DU-LOIR (Sarthe).

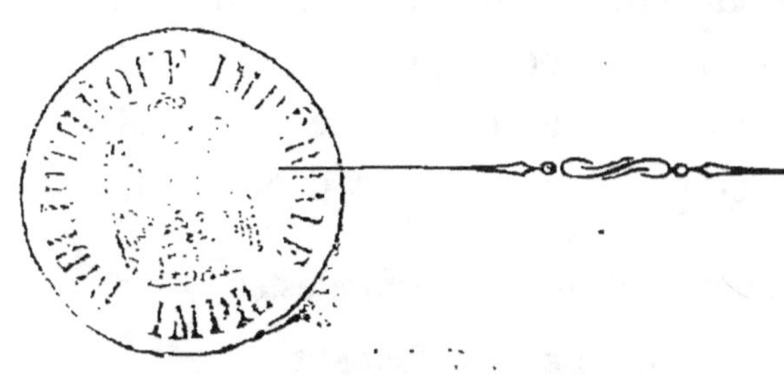

Le *Journal de Château-du-Loir* a publié, à la date du 29 novembre dernier, la lettre suivante :

« Monsieur le Rédacteur, j'ai lu dans votre numéro du 15
» courant, l'article relatif à la retraite de M. le Directeur du
» théâtre de la Flèche.

» Je suis loin de nier ni l'exactitude du fait que vous rap-
» portez, ni l'état déplorable de notre salle de spectacle ;
» malheureusement elle ne se trouve pas seule dans un pareil
» dénûment, car sa plus proche voisine, notre école supé-
» rieure, cet établissement si précieux pour notre ville et
» pour nos contrées, réclame depuis longtemps des travaux
» et des améliorations qui vont devenir indispensables.

» En présence, monsieur, d'un budget qui peut à peine
» faire face aux dépenses obligées de la commune, il est facile
» de comprendre que, pour rester ce que nous avons été,
» que, pour conserver à l'égard des cantons voisins la position

» que nous avons toujours occupée, nous devons, pour
» marcher au progrès, entrer dans de nouvelles voies et
» nous créer de nouvelles ressources.

» Notre ville est assez riche, elle est assez laborieuse
» et industrieuse pour *envisager sans crainte toute la*
» *prospérité que, si elle veut, lui promet l'avenir;* en
» entrant sagement dans la voie du progrès, le succès
» est certain, la route est tracée, et c'est ici le cas de
» rappeler cet axiome ancien, si connu et si vrai, que
» le mal ne peut jamais être dans le chiffre plus ou
» moins élevé d'un budget et qu'il ne saurait exister
» que dans le mauvais emploi qui en pourrait être fait. »

Cette lettre était signée de ces mots modestes :

L'UN DE VOS ABONNÉS.

Toutefois son style en trahissait l'origine et nul document ne pouvait nous initier aussi exactement aux pensées de l'autorité locale. L'auteur de cette lettre, en effet, paraît connaître mieux que personne les besoins de notre ville.

Il avoue l'insuffisance de ses ressources, et il nous engage pour nous créer de nouveaux revenus à entrer dans des voies nouvelles. Il ne s'explique pas à la vérité sur la nature des innovations qu'il désire, mais il n'avait pas besoin de le faire, parce que tout le monde sait que ces innovations consistent dans l'établissement d'un abattoir et peut-être aussi dans la création d'un octroi.

Le premier de ces projets sera, sans nul doute, soumis prochainement au conseil municipal; le second le sera-t-il également? je l'ignore; mais, dans tous les cas, ils sont l'un et l'autre trop importants pour que chacun, dans l'intérêt de tous, n'ait pas le droit de les discuter.

§ I.

Les ressources de Château-du-Loir sont aujourd'hui ce qu'elles étaient autrefois. Ces ressources, cependant, avaient suffi à l'administration précédente pour réaliser d'incontestables améliorations ; et, pour suivre, sinon pour devancer, les villes voisines dans leur marche progressive.

De 1839 à 1852, la salle d'asile, les deux écoles primaires gratuites ont été fondées. La route de Nogent a été ouverte.

La ville a vu ses places et ses rues s'agrandir et s'embellir.

Enfin, deux monuments publics, la halle et la mairie, ont été construits.

Ces travaux si utiles n'étaient pas encore complétement terminés, lorsqu'en juillet 1852, le maire et ses adjoints apprirent par le *Moniteur* qu'ils avaient cessé leurs fonctions.

Dix années se sont écoulées depuis cette époque, et l'administration qui fut organisée alors, gère encore aujourd'hui les affaires de la ville.

Je pourrais, usant d'un droit qui appartient à tous, dire ce qu'elle a fait ou plutôt ce qu'elle n'a pas fait, discuter ses actes et les apprécier à mes risques et périls.

Mais telle n'est pas mon intention ; je veux m'occuper de l'avenir et non du passé.

Que pourrais-je dire en effet du passé ? je ne saurais en parler, sans réveiller chez beaucoup de pénibles souvenirs, et nul enseignement utile n'en ressortirait.

Les actes de ceux qui administrent, selon que ces actes sont sages ou opportuns, produisent de bons ou de mauvais effets, ceux qui en profitent ou qui en souffrent ne se méprennent pas longtemps sur leur nature ; et , l'opinion publique , éclairée ainsi d'une manière infaillible , ne tarde pas à se prononcer.

De stériles discussions ne sauraient donc modifier des jugements qui ont pour eux la force d'un fait accompli.

Des lors , il est préférable de parler de l'avenir , de rechercher vers quels progrès nous devons tendre , et d'examiner si les voies nouvelles qui nous sont offertes nous conduiraient vers les améliorations promises.

Assurément il faut être de son temps ; et, lorsque tout marche autour de soi, il serait funeste de rester stationnaire. Mieux vaudrait pourtant , selon la remarque d'un spirituel écrivain, ne pas marcher du tout que de marcher à reculons.

Ce conseil, il est vrai, n'a pas toujours été suivi de nos jours; mais il n'en est pas moins sage; et, puisque l'on considère actuellement comme un progrès l'abolition de toutes les entraves apportées jadis à la libre circulation des produits, je me demande si l'établissement d'un octroi serait un pas fait en avant ou en arrière.

Ceux qui étaient autrefois à la tête des municipalités administraient les communes comme l'homme prévoyant administre sa fortune privée, c'est-à-dire avec une sage économie, et le but de leurs efforts tendait toujours à équilibrer le budget des dépenses avec le budget des recettes.

Quant aux emprunts, qui se contractent aujourd'hui si facilement, on ne les envisageait pas sans frayeur et il fallait pour se résoudre à une telle mesure la contrainte d'une impérieuse nécessité.

Malgré cette réserve prudente, cette crainte de l'inconnu, d'immenses progrès se sont accomplis; mais ces progrès ont été poursuivis et obtenus lentement et successivement.

Nos prédécesseurs savaient, en effet, compter avec le temps et les difficultés et ces théories que les ressources d'une ville ou d'un état sont inépuisables, que les gros budgets attestent la prospérité publique leur étaient inconnues.

Si l'on voulait rechercher comment les plus célèbres de nos cités se sont développées, rectifiées, embellies, ce serait à travers les siècles qu'il faudrait suivre les traces de ces changements.

De nos jours, au contraire, quelques années suffisent pour transformer une ville, et cette facilité avec laquelle des lignes se tracent ou s'effacent sur un plan semble se retrouver alors qu'il s'agit de tracer des rues ou d'effacer des quartiers.

Ce n'est pas que la grandeur des vues et la hardiesse des conceptions eussent fait défaut aux hommes d'autrefois pour réaliser de semblables projets, mais la dépense les eut effrayés ; puis ils étaient plus scrupuleux, alors qu'il s'agissait de porter la main sur les propriétés privées, et les expropriations, comme les emprunts, étaient pour eux des mesures d'exception.

Il n'en n'est plus de même maintenant. Les emprunts donnent aux villes des ressources qui leur permettent d'entreprendre beaucoup à la fois ; et, grâce aux expropriations, elles peuvent faire vite.

Ce système bien nouveau encore pour nous et qui réalise si promptement des réformes à peine entrevues est-il sans danger ? je ne le pense pas ! Il doit arriver nécessairement un moment, pour les états, pour les villes, comme pour les particuliers où, par la force même des choses, l'équilibre rompu se rétablit entre les recettes et les dépenses, et le présent ne peut sans péril absorber ainsi à l'infini les ressources de l'avenir.

Ces ressources sont-elles inépuisables ? grandissent-elles dans la proportion même des dépenses qui sont faites ? Ce sont là de redoutables problêmes et au temps seul il appartient d'en donner la solution.

Toutefois, si la richesse des grandes villes leur permet de contracter des emprunts sans que leurs ressources s'épuisent par le payement des intérêts et l'amortissement du capital, il ne saurait en être de même pour les petites villes ; et, ces dernières, si elles préfèrent une prospérité réelle à une prospérité factice, feront bien de ne pas recourir trop souvent à ce moyen.

§ II.

Les revenus de Château-du-Loir, déduction faite des frais de perception et des sommes attribuées aux chemins vicinaux, s'élèvent à environ 10,000 fr.

Ces revenus proviennent principalement des cinq centimes additionnels ordinaires, des huit centimes par franc du principal des patentes et des différents droits perçus sur nos marchés.

Mais ces sommes suffisent à peine aux charges annuelles de la ville : elles sont absorbées par ses menues dépenses et l'entretien de ses établissements.

Les recettes extraordinaires seules peuvent donc être employées en améliorations ou en travaux importants. Ces ressources nous ont été, jusqu'à ce jour, fournies par les centimes extraordinaires.

Le conseil municipal, en effet, réuni aux plus imposés, a voté, le 29 juillet 1858, 18 c. 9 0/0 sur les quatre contributions. Cette imposition sera perçue jusqu'en 1865, et elle rapporte environ par année 5,300 fr.

Mais la ville ne peut quant à présent disposer de cette somme.

Ces centimes, d'après le décret même, qui en a autorisé la perception, ont un emploi déterminé : ils sont destinés à payer les acquisitions et les travaux nécessités par le dégagement des halles. Cette dette ne sera complètement soldée qu'en 1865.

Le pavage de la rue du bas de ville que le conseil municipal a voté, et avec raison, car rien n'était plus urgent, donnera lieu à une dépense de 2,000 fr. Ce travail toutefois est porté au budget. Son exécution peut dès lors être considérée comme certaine ; mais il va absorber nos derniers fonds disponibles.

De cet ensemble de faits, il résulte que nos revenus annuels suffisent à peine à nos dépenses annuelles et que nos recettes extraordinaires ont un emploi déterminé jusqu'en 1865.

La ville, cependant, a plusieurs engagements à remplir et cette année même elle devra, sous peine d'éprouver un grave préjudice, exécuter des travaux indispensables et coûteux.

Les bâtiments qui servent de caserne à la gendarmerie et qui sont loués 700 fr. sont dans un tel état de vétusté et de délabrement que bientôt ils cesseront d'être habitables. Le bail expire le 1ᵉʳ novembre prochain, il n'est pas renouvelé et la ville perdra ce revenu si, par de promptes réparations, elle n'assure pas la conservation de son immeuble. Ce résultat ne sera point obtenu sans une dépense de plus de 3,000 fr.

L'école supérieure, cet établissement « *si précieux pour notre ville,* » selon les termes mêmes de la lettre citée plus haut, « *réclame aussi des améliorations qui vont devenir indispensables.* »

La salle de spectacle tombe en ruines ; et, tout récemment, le directeur d'une troupe voisine venu dans notre ville pour y donner une représentation annoncée à l'avance, a dû se retirer sans remplir un engagement que l'état de notre théâtre rendait inexécutable.

D'un autre côté, la rue Audet, qui est la communication naturelle et directe des quartiers hauts avec le grand Douet, est d'un accès difficile et dangereux, et le pavage nouveau que ses habitants réclament depuis si longtemps ne pourra être indéfiniment ajourné. L'exécution de ce projet coûtera plus de 2,000 fr.

Puis encore, malgré de grands et récents travaux, quelque chose resterait à faire aux halles : elles auraient besoin d'être nivelées et fermées et une somme de 1,000 fr. serait nécessaire pour réaliser cette amélioration.

Enfin, il ne faut pas oublier que la commune redoit une somme de 1,240 fr. 60 c. sur le prix total des divers terrains qui ont été acquis pour l'élargissement du chemin de la gare.

De telles nécessités, de semblables obligations dépassaient assurément, et de beaucoup, les ressources de notre budget. Ces charges, cependant, ont été récemment augmentées par une fondation dont je ne conteste pas l'utilité, mais dont je conteste l'opportunité ; je veux parler de l'établissement des sœurs garde-malades.

La maison destinée à ces sœurs a été donnée à la ville à la condition que celle-ci acquitterait les frais d'actes et d'enregistrement, paierait les impôts, continuerait l'assurance, ferait en outre à l'immeuble toutes les réparations nécessaires et l'entretiendrait dans un état convenable pour son nouvel objet.

Ces conditions ont été acceptées par le Conseil municipal ; l a dû peser le pour, le contre et prendre sa détermination en conséquence. Je m'abstiendrai dès lors de toute discussion à ce sujet. Mais j'ai lieu de m'étonner, comme tout le monde, des travaux qui, depuis plus de trois mois, sans que le Conseil municipal les ait approuvés, sont exécutés à la maison qui faisait l'objet de cette donation.

Il est facile de prévoir quelle serait la réponse de l'Administration locale, si elle avait à rendre compte de ce fait. Elle prétendrait que ces travaux, effectués avec l'argent provenant d'une souscription, n'avaient pas besoin d'être soumis au vote du Conseil.

Une telle raison, si elle était produite, ne saurait être admise. Le Conseil municipal, en effet, par son acceptation, quoique non définitive, a enlevé à tous le droit de disposer, sans son avis, de l'immeuble donné. Il importait d'ailleurs à la ville que les hommes qu'elle a choisis fussent consultés sur des travaux qui peuvent, en augmentant les frais d'entretien, aggraver ses charges.

Le Maire tient son autorité du pouvoir exécutif et il en est l'agent, mais le Conseil municipal, nommé par la Commune, a seul le privilége de la représenter, et son contrôle est pour elle une garantie que rien ne peut remplacer.

Malgré le chiffre élevé des dépenses qui résultent pour notre ville de tant d'obligations diverses, malgré la faiblesse de ses revenus, l'auteur de la lettre du 27 novembre ne paraît ni embarrassé ni inquiet.

Plein de confiance dans le résultat des innovations auxquelles il fait allusion, il nous annonce le succès comme certain et nous engage seulement « à envisager sans crainte les prospérités de l'avenir. »

Pour moi, je l'avoue, je ne saurais partager sa sécurité, et si quelque chose m'effraye, ce ne sont pas assurément les prospérités de l'avenir. Toutefois, je reconnais comme lui l'insuffisance de notre budget et la nécessité de nous créer de nouvelles ressources, mais par quels moyens ? il importe de le dire.

Un abattoir serait, selon moi, une charge de plus, sans compensation aucune, et un octroi présenterait les plus graves inconvénients.

§ III.

Une ville voisine de Château-du-Loir et d'une population à peu près égale, la ville de Montoire, possède des abattoirs et des octrois; c'est elle que l'administration locale nous cite sans cesse pour exemple, et ses établissements serviraient de modèles aux nôtres.

Des renseignements précis, recueillis à Montoire par les soins mêmes du Conseil municipal, permettent, dès à présent, de se rendre compte d'une manière exacte des dépenses qu'entraînerait la mise à exécution de ces divers projets.

Les abattoirs de Montoire ont coûté, savoir : les constructions, 30,500 fr.; les terrains, 2,500 fr.; en tout, 33,000 fr. Ils rapportent 1,800 fr.

Les abattoirs de Château-du-Loir ne coûteraient pas moins, et ils ne rapporteraient guère plus.

Pour déterminer avec précision quels seraient pour nous les produits d'un abattoir, il suffit d'évaluer le nombre des têtes de bétail qui entrent chaque année aux boucheries de notre ville.

Ce nombre est pour le gros bétail environ de deux cents.

Et pour le menu bétail de deux mille deux cent quarante. (1)

La taxe imposée aux bouchers pour ces différents animaux, d'après le tarif de Montoire, donnerait seulement un revenu de . . . . 1,200 fr. (2)

À cette somme, il faudrait ajouter la taxe perçue sur les porcs. . . . . 250 fr. (3)

Puis celle que devraient nécessairement payer les bouchers étrangers qui viennent, les jours de foire, des communes voisines, vendre sur nos marchés.

Cette taxe pourrait s'élever à . . . . . 480 fr. (4)

D'après ces appréciations, qui se rapprochent le plus possible, sans contredit, de la vérité, je suis autorisé à dire qu'un abattoir ne nous rapporterait pas plus de . . . . 1,930 fr.

---

(1) Un relevé aussi exact que possible des animaux tués par année aux boucheries de la ville a donné les résultats suivants :

Bœufs . . . . . 10 | Veaux 1,000
Vaches. . . . . 180 | Moutons. . . . 1,240

(2) En effet, suivant la taxe de Montoire :

10 bœufs à 3 fr. donneraient . . . 30 fr.
180 vaches à 2 fr. — . . . 360
1,000 veaux à 50 c. — . . . 500
1,240 moutons à 25 c. — . . . 310

Total, 1,200 f.

(3) Il est tué environ 400 porcs par année à Château-du-Loir, mais sur ce nombre 200 seulement de ces animaux pourraient être taxés, le surplus étant expédié à Paris, il serait facile de le soustraire au payement des droits.

Or, selon le règlement de Montoire, 200 porcs à 1 fr. 25 produiraient 250 fr.

(4) Les bouchers étrangers peuvent vendre, par année, à nos foires et marchés : bœufs 5, vaches 188, veaux 960, moutons 568.

Conformément au tarif ci-dessus, ces animaux rapporteraient :

5 bœufs à 3 fr. . . . . 15 fr.
188 vaches à 2 fr. 376
960 veaux à 50 c. 480
568 moutons à 25 c. 142

Total, 963 f.

Toutefois, pour rester dans le vrai, nous ne devons compter que sur la moitié de cette somme, parce que, si ces bouchers sont taxés, ils déserteront nos marchés; soit, en conséquence, 480 fr. 50 c.

Dans l'état actuel de nos ressources, nous ne pourrions construire cet abattoir sans emprunter les 33,000 fr. qu'il nous coûterait. Il faudrait donc tout d'abord déduire des 1,930 fr. que ce nouvel établissement nous produirait, les intérêts du capital, c'est-à-dire 1,650 fr., et il ne nous resterait plus que 280 fr. de disponible.

Cette somme, bien loin de pouvoir contribuer à l'amortissement de notre dette, serait insuffisante pour subvenir aux frais d'entretien et de surveillance que nécessite une bonne organisation.

Ces frais, en effet, sont encore assez élevés, ils atteignent à Montoire le chiffre de 500 fr., et ils ne seraient pas moindres à Château-du-Loir. Le traitement du concierge ne pourrait guère être inférieur à 300 fr., celui du vétérinaire devrait être fixé à 100 fr., et il ne resterait que 100 fr. pour les dépenses imprévues.

Les revenus de l'abattoir seraient donc absorbés par l'intérêt du capital; non seulement ils ne pourraient assurer dans un temps donné le remboursement de l'emprunt, mais ils ne couvriraient pas même les frais d'entretien qui, par suite, viendraient s'ajouter aux charges de notre budget.

Cette insuffisance des produits a été comprise par les partisans les plus zélés du projet, aussi ont-ils songé à proposer une taxe plus élevée que celle adoptée à Montoire, mais un pareil expédient ne saurait être accepté. En définitif, ce n'est pas le boucher qui paye la taxe, mais bien le consommateur; et, alors que dans ce moment, le prix de la viande est à Château-du-Loir de 1 fr. 10 c. le kilog., il est dans l'autre ville de 1 fr. 30 c.

Quant à l'utilité d'un pareil établissement, au point de vue de l'hygiène de la ville, elle est nulle : Château-du-Loir compte seulement quatre boucheries. Isolées les unes des autres, elles ne sont point dans ces conditions un danger pour la salubrité publique et ne rendent ni impuissante ni illusoire la surveillance de l'autorité.

Cette innovation me paraîtrait donc malheureuse sous tous les rapports. Elle serait coûteuse, peu productive, et ne répondrait à aucun de nos besoins.

La création d'un octroi entraînerait peu de frais et augmenterait notablement nos ressources. Mais cette mesure présenterait des inconvénients qui l'emporteraient de beaucoup sur ses avantages.

La ville de Montoire possède aussi des octrois : ils lui rapportent 7,500 fr. environ. Il faut déduire de cette somme les frais d'administration qui s'élèvent à 1,900 fr. Leur produit net reste par conséquent de 5,500 fr.

Ce revenu est assurément considérable et il a dû permettre à cette ville de réaliser une foule de projets utiles. Son exemple cependant ne doit pas nous séduire, et ce qui a réussi à Montoire ne réussirait pas à Château-du-Loir. Ces deux localités, en effet, sont dans des conditions toutes différentes.

Tandis que Montoire n'a point dans son voisinage de villes d'une importance égale qui puissent faire concurrence à son industrie, Château-du-Loir, dans un rayon de vingt-quatre kilomètres seulement, est entouré de chefs-lieux de canton qui acquièrent chaque jour une importance plus grande.

Or, il faut tenir compte de cette situation ; il n'existe d'octrois ni à la Chartre, ni à Ecommoy, ni à Mayet, ni au Lude, et nous ne pourrions, sans courir de grands risques, nous soumettre à un régime différent.

Si Château-du-Loir frappait seul d'un droit les denrées qui franchissent son enceinte, alors que ces mêmes denrées auraient leurs entrées libres dans les villes voisines, il favoriserait celles-ci au détriment de son propre commerce, et ses marchés seraient délaissés pour ceux d'Ecommoy, de Mayet et du Lude. Le producteur, qui n'aurait pas, dans ces villes, de droits à payer, les préférerait tout naturellement à Château-du-Loir. Il y trouverait, du reste, plus d'acheteurs ; car, par cela même que chez nous les denrées seraient taxées, elles se vendraient plus cher et seraient dès lors moins recherchées.

Mais, quelles que sérieuses que soient ces raisons, il est un motif plus puissant et qui seul suffirait pour faire écarter ce projet, s'il devait encore en être question.

Ce n'est pas lorsque l'impôt est élevé, la cherté de la vie exorbitante, qu'il soit opportun de songer à des mesures qui augmenteraient pour tous indistinctement les charges trop réelles déjà du présent.

Si ces appréciations étaient partagées par les représentants de la commune, ce serait donc à d'autres moyens qu'il faudrait demander les ressources qui nous manquent.

La ville de Château-du-Loir possède divers immeubles : les uns importants, qu'elle doit conserver à tout prix ; les autres, d'une utilité médiocre, qu'elle pourrait aliéner.

Cette vente lui procurerait, sans nouvel impôt et sans diminution de revenus, tous les fonds dont elle a actuellement besoin.

Le pré dit du Collége, qui ne contient que 66 ares, pourrait être vendu, grâce à sa situation, 5,000 f., et il serait possible d'aliéner également avec avantage un autre immeuble dépendant de l'Ecole supérieure, mais inutile à cet établissement.

Ce terrain, qui se compose d'un verger dont jouit le directeur de l'Ecole et d'un jardin abandonné à un employé de la ville, contient 30 ares environ. Sa vente produirait au moins 2,400 fr., car il n'a jamais été estimé au-dessous de 80 fr. l'are.

Enfin, une autre parcelle de terre située à la suite de la salle de spectacle et d'une contenance de 1 are 33 centiares, déduction faite du chemin qui conduit à Saint-Sauveur, pourrait être vendue 100 fr.

Ces diverses aliénations donneraient une somme totale de 7,500 fr. et permettraient à la ville, sans tarder davantage, de paver la rue Audet, de fermer les halles et de réparer les bâtiments qui servent de caserne à la gendarmerie. L'augmentation de revenus qu'elle trouverait dans ces bâtiments ainsi restaurés la dédommagerait et au-delà du produit annuel des immeubles aliénés, qui ne sont affermés que cent francs.

Ces ressources exceptionnelles nous conduiraient jusqu'à l'année 1865, époque à laquelle nos centimes extraordinaires redeviendront disponibles. Ce serait le moment alors de songer à notre école supérieure, et d'en faire par l'exécution d'un plan bien conçu, un établissement modèle qui nous dédommagerait du collége que nous avons perdu. La salle dite des Récollets, serait nécessairement comprise dans ce travail, mais une souscription pourrait permettre, dès à présent, d'y faire les réparations les plus urgentes.

La vente de ces divers immeubles ou au moins de quelques uns, a déjà été proposée plusieurs fois. Elle a toujours soulevé beaucoup d'objections et elle a rencontré des adversaires passionnés. Je persiste cependant à croire ce moyen préférable à tout autre, parce qu'il est le seul qui puisse, sans nouvel impôt et sans grever l'avenir, nous procurer les fonds qui nous sont nécessaires.

Château-du-Loir a, comme toutes les villes de médiocre importance, dans ces temps de transition, deux écueils à éviter ; la diminution de sa population et l'amoindrissement de son commerce.

Il évitera le premier en donnant à ses habitants le bien-être à peu de frais ; le second en favorisant le développement de ses marchés.

Un système qui, par des taxes sur tous les objets de consommation, augmenterait chez nous la cherté de la vie et apporterait des entraves à notre industrie, conduirait à des résultats opposés. Il compromettrait en outre l'avenir que ménage à notre pays les nouvelles voies de communication projetées.

Les idées que je viens d'émettre sur ces différentes questions comptent, je le sais, de nombreux partisans au conseil municipal. Elles seront, dès lors, par l'un ou l'autre de ses membres, formulées en propositions et soumises à son vote. Je ne saurais exiger plus, ni demander mieux.

En examinant comme je viens de le faire quelle était la situation actuelle de notre ville, en discutant ses ressources et ses besoins, j'ai usé d'un droit qui appartient à tous, j'en ai usé librement et sans préoccupations personnelles.

J'ai blâmé des innovations que je croyais dangereuses et j'ai fait des propositions qui soulèveront à leur tour d'autres objections ; il ne pourrait en être autrement : chaque chose en effet a un côté défectueux avec lequel il faut compter, et par suite nous n'obtenons jamais que des résultats incomplets.

Pour rester justes, il faudrait donc toujours faire la part de l'indulgence dans les jugements que nous portons sur les événemens ou sur les hommes. Malheureusement, cette bienveillance dans les appréciations ne se rencontre pas toujours de notre temps ; et trop souvent, nous jugeons ceux qui nous ont précédés comme si nous ne devions pas avoir besoin nous-mêmes de l'indulgence de ceux qui nous suivront.

Saumur, imp. ROLAND, place de la Bilange.